Walter Jakoby

Später beginnt heute

AF215465

Für Ingrid.

Danke
für deine vielen guten Ideen,
für deinen stets wohlwollenden Rat,
für deine präzise Analyse meiner Gedanken,
für dein untrügliches Gespür für das passende Wort,
danke für Alles!

Walter Jakoby

# Später beginnt heute

## Gedankensprünge
in kurzen Sätzen

Bibliografische Information der Deutschen Nationalbibliothek:
Die Deutsche Nationalbibliothek verzeichnet diese
Publikation in der Deutschen Nationalbibliografie; detaillierte
bibliografische Daten sind im Internet über http://dnb.dnb.de
abrufbar.

Herstellung und Verlag: BoD – Books on Demand,
Norderstedt

ISBN: 978-3-7448-4100-9

„Wer nicht jeden Tag
eine Stunde für sich selbst gehabt hat,
hat nicht gelebt." (aus China).

Von den vielen Gedanken, die stetig kurz aufleuchten und dann schon wieder verlöschen, wollte ich jeden Tag einen herausgreifen, ihn weiterverfolgen, zu Ende denken und schließlich als Aphorismus formulieren. Drei Anforderungen habe ich gestellt: Jeder Gedanke soll eine allgemeingültige und zugleich möglichst konkrete Aussage beinhalten. Um das Nachdenken anzuregen, soll Überraschendes („Gedankensprünge") bevorzugt werden. Nicht zuletzt soll die Form der Gedanken möglichst prägnant („in kurzen Sätzen") sein.

Die Aphorismen habe ich in erster Linie für mich selbst gesammelt und notiert. Da ich aber hoffe, dass sie auch für andere eine Anregung zum Nach- und Weiterdenken sein können, habe ich sie in diesem Buch festgehalten.

Fast jeder Gedanke wurde bereits gedacht und viele wurden auch schon aufgeschrieben. Anregungen zum Denken habe ich bei vielen gefunden. Ich wollte hier neue Gedanken formulieren oder aber bekannte Gedanken neu formulieren. Sollte ich dennoch aufgrund nicht ausreichender Belesenheit oder mangelhafter Erinnerung Zitate verwendet haben, die von anderen bereits veröffentlicht wurden, bitte ich erstens um Nachsicht und zweitens um einen Hinweis.

Gebe jedem Tag ein Ziel.

Vision ohne Aktion bleibt Illusion.

Eine gute Frage
hilft mehr als ein guter Rat.

Man kann nie neu anfangen,
aber jederzeit anders weitermachen.

Unter Narren kann man klug tun,
unter Gescheiten klug werden.

Mit der Geburt endet die erste
und mit dem Tod beginnt die zweite Hälfte
der Ewigkeit.

Zuverlässigkeit heißt nicht,
das zu tun, womit andere rechnen,
sondern das, worauf sie zählen.

Ein einziger Funke
kann ein ganzes Feld entflammen.


Wer eine Illusion verliert,
gewinnt eine Einsicht.


Lieber ein ehrlicher Tadel,
als lauter falsches Lob.


So mancher fühlt sich in vertrauten Problemen
wohler, als in ungewohnten Lösungen.


„Jung geblieben" wird nur genannt,
wer alt geworden ist.


Jedes Werkzeug ist schlecht,
wenn man nicht weiß, wozu es gut ist.


Dummheit wird nicht vernünftig,
weil sie ein ernstes Gesicht macht.

Ein gutes Produkt entsteht
durch die Multiplikation von Ideen.

Halte immer beide Augen offen –
und drücke manchmal eins zu.

Wer dir gratuliert,
will in Erinnerung bleiben.

Mach's *einfach: mach's* einfach.

Liebe deinen Nächsten –
und halte dich fern, damit es so bleibt.

Die mich mögen, dürfen,
die anderen können mich gernhaben.

Verantwortung kann nicht geteilt,
aber gemeinsam getragen werden.

Ein alter Diamant ist besser
als ein neuer Gallenstein.

Wer vorausschaut hat selten das Nachsehen.

Weniger das, was jemand sagt,
zeigt seinen Charakter,
als das, worüber er schweigt.

Ehen werden im Himmel geschlossen,
aber dass sie halten,
ist Aufgabe des Bodenpersonals.

Manche Männer bleiben Kinder –
nur das Spielzeug wird größer.

Weder auf der Zunge noch in der Hose
trägt man das Herz am richtigen Fleck.

Was an Verstand fehlt,
füllt die Eitelkeit auf.

Verträge sind Übereinkommen für den Fall,
dass man über Kreuz kommt.


Wer dich bedauert, will Details wissen.


Komplimente zu machen ist eine Kunst –
beleidigen kann jeder.


Nichts erreicht, wer alles,
nichts erlebt, wer nichts dem Zufall überlässt.


Begegne Gott mit Demut
und allen anderen mit Mut.


Manche glauben Weitblick zu haben,
nur weil sie fernsehen.


Schweigsamkeit besteht darin,
eine Meinung zu haben
und sie für sich zu behalten.

Einen Freund zu gewinnen,
freut nur halb so viel,
wie sein Verlust schmerzt.


Man sollte an das Gute glauben,
aber mit dem Schlechten rechnen.


Wer richtige Antworten haben will,
darf nicht lauter falsche Fragen stellen.


Vielen ungelösten Problemen
mangeln weniger die Vordenker, als die Vormacher.


Fantasten glauben durchzustarten,
wenn der Schleudersitz zündet.


Ein ganzer Erfolg stellt sich auch dann nicht ein,
wenn man etwas zweimal halbherzig tut.


Träume sind Blüten,
Erfahrungen Früchte des Lebens.

Religionen sind nur Kopien –
Moral ist das Original.


Wer glaubt klug zu sein,
hat aufgehört es zu werden.


Harte Worte liegen schwer im Magen.


Lass das Geld für dich arbeiten,
sonst arbeitest du für das Geld.


Bei Hühnern ist Käfighaltung verpönt –
bei Menschen wird das nicht so eng gesehen.


Mancher Malermeister sieht rot,
weil die Gesellen blau machen,
um schwarz zu arbeiten.


Weisheit heißt nicht, alles zu wissen,
sondern vieles zu verstehen.

Mit zunehmendem Alter
macht die Arbeit weniger Freude
und die Freude mehr Arbeit.


Manche halten sich für lernfähig,
weil sie alte Vorurteile durch neue ersetzen.


Wer behauptet klug zu sein,
hat schon das Gegenteil bewiesen.


Erfolg erlangt, wer verwegen denkt
und besonnen handelt.


Am angenehmsten finden Redende
die Gesprächspartner, die nur zuhören.


Für manche sind Beziehungen Romane,
aber viele bevorzugen Kurzgeschichten.


Das Bitten um erhoffte Wohltaten währt länger,
als die Dankbarkeit für erhaltene.

Wer sich gründlich blamieren will,
sollte schneller reden, als er denkt
und mehr sagen, als er weiß.

Wissen und Zweifel sind wie Wappen und Zahl.

Scharfe Zunge schlägt tiefe Wunden.

Man kann nur selten ein Held,
aber immer mutig sein.

Gewissen Frauen wäre ein alter Geldhaber lieber,
als ein junger Liebhaber.

Das Einzige, was mit jedem Jahr
tatsächlich schwieriger wird,
ist jung zu bleiben.

Mäßigung gibt dem Körper das Gleiche,
wie Genügsamkeit dem Geist.

Besser gute Probleme,
als schlechte Lösungen.


Wer in sich geht,
wird auch Überraschendes entdecken.


Manche halten sich für gute Zuhörer, nur weil sie
beim Reden innehalten, um Luft zu holen.


Lieber jetzt gut,
als irgendwann perfekt.


Berühmte Säufer sind Prominente,
anonyme Säufer sind Alkoholiker.


Halte inne, wenn ein Narr dich weise nennt.


Vollkommenheit entsteht nicht,
wenn möglichst viel hinzugefügt, sondern
wenn nichts mehr weggelassen werden kann.

Lügen können sich widersprechen –
Wahrheiten nicht.

Denker dösen nicht – sie meditieren.

Eine halbe Wahrheit verdeckt eine ganze Lüge.

Wer immer Knecht seiner Affekte ist,
wird nie Herr seiner Taten sein.

Pessimisten und Optimisten haben eines
gemeinsam: fast alles was sie vorher wussten,
ist hinterher nicht wahr.

Zwei Gruppen von Menschen sollte man nie
schlechtreden: die Toten und die Lebenden.

Wissenschaft untersucht die Worte –
Weisheit versteht das Werk.

Wer sein Herz verschenkt,
wird sein Leben gewinnen.


Dein Vertrauen macht die Guten gütig
und die Anderen listig.


Zwei Monologe ergeben noch keinen Dialog –
höchstens einen Stereolog.


Das Beste, was du für dich tun kannst,
ist das, was du für andere tust.


Wem man nicht traut,
dem traut man alles zu.


Bildungs-Fernsehen
ist zum bildungsfern Sehen verkommen.


Zufriedenheit kommt nicht zu dem,
der nur darauf wartet.

Führende Nullen kann man streichen –
auch in der Mathematik.


Gedanken sind wie Zitronenhälften:
nur wer sie vollständig erfasst hat,
kann sie richtig ausdrücken.


„Wir sind gut aufgestellt“
glauben auch die Ordner im Regal.


Vision plus Aktion gibt Innovation.


Ein Maulheld weiß nicht,
wann man besser den Mund hält.


Wer allzeit schreit, den hört man nicht.


Besonnenheit heißt nicht,
etwas ohne Leidenschaft zu tun,
sondern es so zu tun, dass es kein Leiden schafft.

Manieren kann man trainieren –
Charakter nicht.

Kann man sicher sein, dass nichts sicher ist?

Unpassende Bemerkungen
sind vom Umtausch ausgeschlossen.

Du kannst beten, dass es Geld regnet,
aber aufheben musst du es selbst.

Alt werden wollen alle,
aber niemand will, dass man es sieht.

Wer sich seinem Gegenüber beugt,
zeigt den anderen die Kehrseite.

Das Leben ist der Augenblick
zwischen den beiden Hälften der Ewigkeit.

Ein Unternehmen ist nicht
die Summe seiner Mitarbeiter,
sondern ihr Produkt.

Manche glauben im Bilde zu sein,
nur weil sie auf dem Foto sind.

Ein falsches Alibi klingt wie ein echtes Geständnis.

Wer überlegen sein will,
muss überlegen.

Oft sind die schmutzigsten Geschäftemacher
mit allen Wassern gewaschen.

Anderen zuzuhören,
könnte ihr Weltbild gefährden.

Eine Beziehung
ist eine Gleichung mit zwei Unbekannten.

Unfähige sind zu allem fähig.

Liebe deinen Nächsten –
vom Übernächsten war keine Rede.

Die Kunst der Laudatio
besteht darin,
zu loben ohne zu lügen.

Wer heute mit der Zeit gehen will,
muss gegen die Uhr laufen.

Gute Lehrer lehren,
alle anderen belehren.

Steter "Tropfen" holt das Hirn.

Die Endlichkeit des Lebens lehrt uns,
endlich zu leben.

Eitle Menschen ziehen grandioses Scheitern
einem bescheidenen Erfolg vor.

Jugend träumt im Futur,
das Alter im Präteritum.

Wer das Maul weit aufreißt,
zeigt wie hohl der Kopf ist.

Niemand pfeift eine Sinfonie alleine.

Alle Menschen sind gleich,
aber nicht sofort.

Gekaufte Freunde sind keinen Preis wert.

Öffentliche Wohltätigkeit
ist der Heiligenschein
der Scheinheiligen.

Die Reisen zum Mond haben alle überlebt –
das Dasein als Rentner noch niemand.

Ein Hohlkopf
ist das ideale Resonanzgefäß
für Dummheit.

Zwei halbe Ausreden sind eine ganze Kränkung.

Wer bloß nichts falsch machen will,
wird nichts richtig gut machen.

Idealisten kümmern sich nicht um's Geld –
höchstens aus finanziellen Gründen.

Die Prognosen von heute
sind die Irrtümer von morgen.

Bildung ohne Ausbildung ist Einbildung.

Darf man Intoleranz tolerieren?

Wer nur auf sein Ego bedacht ist,
lässt sein Ich oft im Regen stehen.

Je geringer das Vertrauen,
desto länger die Verträge.

Der Kühne packt den Stier bei den Hörnern,
der Kluge hält ihn an der Nase.

Fundamentalisten ersetzen die eigene Meinung
durch einen festen Standpunkt.

Wie in einer Knospe
sind alle Talente schon vorhanden,
wir müssen sie nur entfalten.

Was durch den Hohlweg geplant wird,
endet in der Sackgasse.

Was man nur auswendig lernt,
kann man nicht inwendig behalten.


Wer vorher zuhört,
erspart sich später das Nachsehen.


Kränken kann man Menschen
indem man sie zu viel tadelt
oder zu wenig lobt.


Verspreche wenig, halte alles,
erwarte nichts, danke viel.


Spezialisten spielen Orgeln mit nur einer Pfeife.


Der Holzweg führt direkt in die Sackgasse.


Gleichheit heißt nicht,
dass nicht jeder anders sein darf.

Kurze Prozesse bringen lange Reue.

Ich zweifle,
wenn Narren das gleiche ablehnen wie ich.

Wer fürchtet,
Schweigen könnte Inkompetenz bedeuten,
beweist sie durch Reden.

Wirklich überlastet ist,
wer keine Zeit findet, darüber zu klagen.

Weltverbesserer sind oft bei sich selbst gescheitert.

Gib nur denen Macht,
die nicht danach streben.

Manche halten sich für treu,
weil sich keine Gelegenheit zum Fremdgehen ergibt.

Sind die Irren in der Überzahl,
gelten Normale als verrückt.


Doppelte Demut ist halber Hochmut.


Ein schlichtes Lob
ist besser als der prächtigste Tadel.


„Gut gemeint"
heißt „schlecht gemacht."


Wer aktiv älter wird, reift,
wer nicht, altert.


Der Klügere gibt nach –
noch klüger ist, wer die Anderen glauben lässt,
die Klügeren zu sein.


Schlimmer als die, die alles wissen,
sind nur die, die alles besser wissen.

Respekt genießt, wer gründlich ist
und unergründlich bleibt.


Was mancher
für den Rahmen seines Weltbildes hält,
sind oft nur die Bretter vor seinem Kopf.


Eine alte Ausrede ist eine neue Lüge.


Lieber mit einem Auge schätzen,
als blind raten.


Arm ist nur,
wer sich keinen Stolz leisten kann.


Auch fett Gedrucktes
kann schwer verdaulich sein.


Wer mitgeht, will geführt werden,
nicht getrieben.

Gehässige Menschen
haben am Unglück der anderen
größere Freude als am eigenen Glück.

Wer außer sich ist,
sollte in sich gehen.

Halte Zusagen ein und Absagen aus.

Das Mögliche versäumt,
wer das Unmögliche unversucht lässt.

Paradox, wenn ein alter Junggeselle
im Herbst seines Lebens
den Frühling spürt.

Wenn zwei um die Wahrheit streiten,
verliert meist die Wahrheit.

Am ehesten verlieren die ihre Geduld,
die keine haben.

Dem Gott werde ich folgen,
in dessen Namen
einst Religionsfrieden geführt werden.


Je schlechter das Gedächtnis,
desto besser wird die gute alte Zeit.


Wo Worte versagen,
muss Schweigen sprechen.


Wer etwas tun will, sucht einen Weg,
alle anderen finden Ausreden.


Beim Kopfschütteln wirbeln Gedanken auf,
wie der Schnee in einer Glaskugel.


Jahre sind die Herzschläge der Erde.


Reich ist,
wem das, was er hat,
reicht.

Wer „teilen" sagt und „hergeben" meint,
kann auch nicht rechnen.


Vielfältige verstehen, wie Einfältige denken –
in die Gegenrichtung wird's schwieriger.


Kritik, die bellt, beißt nicht.


Zeige dein Werk erst, wenn es fertig ist –
Hühner legen ja auch keine halben Eier.


Jeder ist ein Unikat –
da sind wir uns alle gleich.


Im Netz sollte man sich fragen:
Bin ich Fliege oder Spinne?


Jeder Versuch,
die Wahrheit zurecht zu biegen,
bricht sie.

Nicht hadern, dass man tun muss –
sich freuen, dass man tun kann!

Deinen Argwohn bemesse nicht an deiner,
sondern an fremder Hinterlist.

Lachen ist Wellness für die Seele.

Ein kluger Kapitän
setzt die Emotion ans Ruder
und den Verstand ans Steuer.

Gut waren die alten Zeiten nur,
weil wir früher jünger waren.

Wer maßlos schmeichelt,
wird auch schamlos meucheln.

Gerechtigkeit heißt nicht, einigen Gnade,
sondern allen ihr Recht zu gewähren.

Humor hat nur,
wer über sich selbst lachen kann.


Auch ein kahler Kopf
kann krause Gedanken haben.


Manche Redner glauben, fehlende Tiefe
durch übermäßige Länge ersetzen zu müssen.


Wer die Welt verbessern will,
sollte bei sich selbst anfangen.


Wahrsager und Historiker unterscheiden sich kaum:
die einen deuten die Zukunft,
die anderen die Vergangenheit.


Bei einer Strapaze die Zähne zusammenzubeißen
kommt dem Lächeln am nächsten.


Klugheit
ist die charmante Schwester des Scharfsinns.

Umkehren ist sinnlos,
wenn man im Kreis läuft.

Information verhält sich zum Wissen
wie eine Handvoll Sand
zu den Pyramiden von Gizeh.

Wer zu viel redet,
will wohl etwas verschweigen.

Sehe andere als Engel –
und behalte sie im Auge, damit sie es bleiben.

Spezialisten sind Leute,
die nur eine Pfeife auf der Orgel haben.

Die einzige Art, Zeit zu gewinnen,
ist, sie nicht zu vergeuden.

Unvoreingenommenheit heißt, dass zwar alles
in Frage, aber vieles nicht in Antwort kommt.

Manchen gelingt es,
zwei Klappen für eine Fliege zu zerschlagen.


Wenn lauter Vordenker unterwegs sind,
bleibt das Nachdenken auf der Strecke.


Manche glauben, im Gespräch zu sein,
wenn sie ins Gerede kommen.


Wer zwei Dinge auf einmal macht,
wird keins richtig machen.


Bei gewissen Frauen ist "Teuerste"
nicht nur Ausdruck der Höflichkeit.


Auch das klügste Buch
kann Eselsohren kriegen.


Selbstvertrauen ist ein Tanz
zwischen Scheu und Arroganz.

Aufgaben sind im Leben
wie das Salz in der Suppe:
zwischen zu viel und zu wenig ist ein schmaler Grat.

Denkzeiten ersparen Denkzettel.

Das Schwierige am miteinander reden
ist nicht das Reden.

Auch eine Zeitdilatation:
wenn die Zeit knapp wird,
bewegt man sich schneller.

Reiche beherrschen die Prozent-,
Arme die Bruchrechnung.

Die siamesischen Zwillinge einer Beziehung
heißen Geben und Nehmen.

Der Mantel des Individualismus
verdeckt oft den blanken Egoismus.

Die schiefe Bahn
führt geradewegs in krumme Geschäfte.

Graues Haar schützt nicht vor blonden Ideen.

Bei einem hohlen Kopf,
kommt aus dem Mund das Echo der Ohren.

Von sich aus tun gute Menschen Gutes –
damit sie Böses tun,
braucht man eine Religion.

Je mehr Sterne der Koch hat,
desto astronomischer sind die Menüpreise.

Wer die Zeit vertreibt,
den vertreibt die Zeit.

Entschlussfreudigkeit ist oft die Kombination
von Ignoranz und Ungeduld.

Wer immer eilt, bekommt einen Lebenslauf –
die Anderen einen Werdegang.

Höre mit beiden Ohren, was dir gesagt,
mit einem, was von dir gesprochen
und mit keinem was über dich geredet wird.

Lobe bevor du tadelst.

Die einen jagen Tiger,
die anderen scheuchen nur die Finken auf.

Mancher Chef kocht,
wenn der Koch cheft.

Mit ausreichend Abstand betrachtet
erweist sich manche Karriereleiter als Hamsterrad.

Ehrlichkeit heißt nicht, alles zu sagen, was wahr ist,
sondern nichts zu sagen, was unwahr ist.

Vieles versteht man erst dann,
wenn man es anderen erklärt.


Kein Denkmal ist so gut
wie ein "Denk mal!"


Gespräch ohne Gehalt ist Geschwätz.


"Sich verheiratet zu haben"
hat zuweilen einen Unterton von Resignation.


Leute zu Schnecken machen sollte nur,
wer auch aus Schnecken
wieder Leute machen kann.


Für Firmen wird's ernst,
wenn die kreativsten Köpfe
in der Buchhaltung sitzen.


Ehrliche Feindseligkeit ist eher zu ertragen,
als verlogene Scheinheiligkeit.

Gute Bücher erkennt man an dem,
was zwischen den Zeilen steht.

Mancher hält sich für berühmt
und ist doch nur berüchtigt.

Wer sich selbst tadelt, möchte gelobt werden –
wer andere tadelt, möchte sich selbst loben.

Die besten Schwimmer
machen die wenigsten Wellen.

Masochisten sind glücklich,
wenn sie die Wahl der Qual haben.

Kann man jemandem glauben,
der behauptet, immer zu lügen?

Eitel sind alle, die es zeigen
und viele, die es verbergen.

Wenn es beim Kurzschluss zweier Herzen funkt,
ist es Liebe.

Nicht nur Blonde sind manchmal blauäugig.

„Ich habe getan, was ich konnte"
ist entweder eine Lüge über das Wollen
oder die Wahrheit über das Können.

Behandle andere,
als wären sie schon so,
wie du sie dir wünschst.

Minimalisten sind Leute,
die nur eine Tasse im Schrank haben.

Wer sich immer sofort zufrieden gibt,
wird nie zufrieden sein.

Wem Wissen schwerfällt,
der neigt zu Leichtgläubigkeit.

Fest im Sattel zu sitzen, ist sinnlos,
wenn das Pferd das falsche ist.

Wer denken kann,
hat nie Langeweile.

Ausgerechnet
wenn jemand Unausgereiftes von sich gibt,
sagen wir, er redet Käse.

Nimm andere, wie sie sind
und nicht, wie du sie dir wünschst.

Perfekte Asketen sind unersättlich genügsam.

Was man für die Polster des Chefsessels hält,
könnte der Fallschirm am Schleudersitz sein.

Effektiv ist, wenn die Kuh Milch gibt;
effizient ist, wenn sie dazu kein Heu braucht.

Die Eiche juckt es nicht,
wenn das Schwein sich an ihr reibt.


"Ich dachte" sagt, wer sich irrte.


Laut reden ist lästig,
laut denken gewagt.


Fehler macht jeder –
nur ein Narr verteidigt sie.


Schwermütige neigen zu Tiefsinn,
Leichtsinnige zu Hochmut.


Ein steter Wind trägt dich weiter
als ein wilder Sturm.


Um vollständig unzufrieden zu sein,
genügt es nicht, alles zu wollen,
man muss auch alles sofort wollen.

Auch wer fassungslos ist,
sollte im Rahmen bleiben.


Ich weiß, dass ich nichts sicher weiß.


Manche dreschen mit dem Mund das Stroh,
das sie im Kopf lagern.


Denke geradlinig auf der Flucht
und verschlungen auf der Jagd.


Abergläubige sind Leute,
die andere Fakten ignorieren als du.


Ein Aphorismus ist ein Pinselstrich
im Bild der Wahrheit.


Brüderlichkeit heißt nicht,
für andere das zu tun,
wozu sie selbst in der Lage sind.

Den bitteren Pillen des Lebens
fehlen die Beipackzettel.


Manche glauben, alles zu überblicken,
während sie vieles übersehen.


Wenn man sich nicht einigen kann,
sollte man sich wenigstens arrangieren.


Wer mit gutem Beispiel vorangeht,
tut es vielleicht,
weil er dem schlechten nicht mehr hinterherkommt.


Wenn Sadisten Husten haben,
gehen sie ins Konzert.


Probleme sind wie Berge –
sie müssen erklommen, nicht erstürmt werden.


Vergessen ist Schicksal,
Vergeben eine Tugend.

Gefühl und Verstand singen oft im Duett,
aber aus verschiedenen Opern.


Man erinnert das am besten,
was man zu vergessen versucht.


Bedeutende Bekannte zu haben
betonen die, die bedeutend gelten wollen.


Mit den anderen zu irren,
wird lieber gesehen,
als alleine Recht zu haben.


Zielorientierte Manager haben oft starke Ziele,
aber schwache Orientierung.


Wer sich keine Zeit nimmt,
wird nie welche haben.


Die sich unfein geben, sind es –
und manche andere auch.

Nur wer die Richtung kennt,
weiß was richtig ist.

Bist du klüger als andere, behalte es für dich –
bist du's nicht, dann erst recht.

Der Mund kann lügen –
die Augen nicht.

Mit Schwächen umzugehen ist einfacher
als Schwächen zu umgehen.

Beim Buhlen
sind Gewinner und Verlierer enttäuscht –
die einen sofort, die anderen später.

Ein Tag ist wie ein Aphorismus:
er ist vollkommen,
wenn man alles Überflüssige weglässt.

Nur *die* haben Schläue, die sie verbergen.

Manche glauben,
anderen das Wasser reichen zu können,
nur weil sie die Getränke bringen dürfen.


Selbständiges Denken ermöglicht,
in der Informationsflut zu schwimmen,
ohne darin zu ertrinken.


Wer nie nein sagt, muss immer machen,
was andere wollen.


Wo Festhalten scheitert, kann Loslassen glücken.


Narren glauben, was schon widerlegt,
Kluge, was noch nicht bewiesen ist.


Jeder Abschied steigert unsere Empfindungen:
bei den einen unsere Zu-,
bei den anderen unsere Abneigung.


Ohnmacht macht Wut.

Wer überall zu Hause ist,
wird nirgendwo heimisch sein.


Was man für Bildung hält,
könnte Einbildung sein.


Statt zu denken, dass ihre Leute mitarbeiten,
sollten Chefs daran arbeiten,
dass ihre Leute mitdenken.


Ein scharfer Verstand ist eine Gabe,
sanftes Verständnis ein Segen.


Die Not ist die Tugend der Asketen.


Wilde Wellen zähmt der Deich
mit seiner sanften Seite.


Wer das Unmögliche fordert,
ist nie mit dem Möglichen zufrieden.

Andere von sich einnehmen kann nur,
wer nicht von sich eingenommen ist.


Besser man weiß zu glauben,
als dass man glaubt zu wissen.


Der Mensch hat mehr Gesichts- als Armmuskeln –
die Evolution zieht Kommunikation
der Konfrontation vor.


Hochfliegende Taten enden nicht selten
in tiefliegenden Resultaten.


Die Störrigkeit vierbeiniger Esel wird noch
durch die Sturheit der zweibeinigen übertroffen.


Mir missfällt, wer das verbietet,
was mir missfällt.


Tapferkeit heißt nicht, nur Siege zu erringen,
sondern auch Niederlagen zu ertragen.

Erfolg und Scheitern:
fast falsch das Eine,
fast richtig das Andere.

Viele glauben gebildet zu sein
und sind doch nur geschult.

Lieber Kritik von den Richtigen,
als Lob von den Falschen.

Wer nachtragend ist,
muss viel hinterherschleppen.

Aus guten Beispielen wird weniger gelernt,
als aus schlechten – sie sind viel rarer.

Der Zugangscode zum Herzen lautet:
LäcH3Ln.

Freundlichkeit kann man kaufen –
Freundschaft nicht.

Ein sanfter Wind hilft dem kleinen Feuer –
großes facht sich selber an.

Die Irrtümer der Jugend
sind die Erfahrungen des Alters.

„Keine Zeit" heißt „andere Priorität."

Wer Erfolg haben will,
muss bereit sein, zu scheitern.

Eine einzige Missetat
macht hundert gute Taten vergessen.

Alkohol zur Nacht heißt,
mit einer Mietzekatze einzuschlafen
und einem miesen Kater aufzuwachen.

Neugier verblasst in sechs Tagen,
Interesse in sechs Wochen.

Gesundheit
ist nur die Vorstufe einer Krankheit.

Nichts ist lächerlicher,
als die Mode von gestern.

Kinder sagen, was sie denken –
bis sie erzogen werden.

Menschen machen Fehler –
Computer helfen, dass es schneller geht.

Unbestechlichkeit ist eine Tugend,
die sich manche gut bezahlen lassen.

Wer um seine Ehre bangt,
hat sie schon verloren.

Brüderlichkeit kann man erhoffen,
aber nicht erzwingen.

Liebe,
die sich nicht wandelt,
welkt.


Wer zum Denken zu träge ist,
legt sich Prinzipien zu.


Wer weiß, beweist –
wer nicht, behauptet.


Manche, die vom Himmel auf Erden träumten,
sind in der Hölle erwacht.


Managen heißt, Vorhersehbares zu organisieren
und Unvorhergesehenes zu improvisieren.


Am wenigsten kann man auf Menschen zählen,
die berechnend sind.


Nicht zu bekommen, was man will,
macht unzufrieden – es zu bekommen auch.

Werbung ist die Kunst,
Werte zu versprechen,
um Waren zu verkaufen.

Je mehr man lernt, umso mehr erkennt man,
wieviel man nicht weiß.

Zugefügtes Leid ist das Vorgefühl der Hölle.

Wer wichtig tut,
tut nichts Wichtiges.

Kinder zu erziehen ist einfach,
nur nicht bei den eigenen.

Verständlich erklären erfordert Verstand.

Wissenschaft ist die Kunst zu wissen,
welche Fakten zu ignorieren sind.

Am schwersten ist das,
was leicht aussehen soll.


Zweifle,
wenn alle das gleiche sagen.


Beileid ohne Mitgefühl
ist wie ein Ofen ohne Holz.


Vorbilder taugen,
wo Vorschriften versagen.


Frauen hören nicht, was Männer sagen,
wissen aber, was sie wollen.


Wer sich die Zeit vertreibt,
dem läuft sie bald davon.


Lob macht Mut.

Wer führen will,
muss vorangehen.

Bedenke den letzten Schritt,
bevor du den ersten tust.

Irdisches Glück ist ein Blick ins Paradies.

Besser kleine Schritte machen,
als über große Sprünge reden.

Männer hören, was Frauen sagen,
verstehen aber nicht, was sie meinen.

Anfangen ist einfach,
Durchhalten mühsam,
Vollenden eine Kunst.

Keinen Grund zum Weitermachen zu haben,
ist ein Grund aufzuhören.